## *Immer wieder neu anfangen*

Das Leben zwingt uns immer wieder, einen neuen Anfang zu wagen. Unsere eigene Geschichte ist voll von solchen Neuanfängen. Nach der Schule geht es um einen neuen Anfang mit dem Studium oder einer Ausbildung. Sobald wir hier einen Abschluss erreicht haben, steht der Neuanfang im Beruf an. Doch auch da ist es heute nicht mehr so sicher, dass wir unser ganzes Leben lang bei dieser Firma und in dieser Aufgabe bleiben. Immer wieder werden wir versetzt, wird uns ein neues Projekt aufgetragen, oder wir schauen uns nach einem neuen Arbeitsplatz um.

Viele werden müde vom ständigen Neuanfang. Sie möchten gerne im Alten bleiben. Da braucht es den Wagemut. Es ist der Mut, das Leben und mich selbst auf die Waage zu legen, ohne zu wissen, wie die Waage ausschlägt. Jeder Neuanfang ist also auch ein Risiko. Wir riskieren, dass er nicht so gelingt, wie wir es erhoffen. Doch ohne diesen Mut, etwas Neues zu riskieren, würde unser Leben langweilig. Es würde leere Routine.

Immer wieder erleben wir auch ein Scheitern. Wir scheitern im Beruf, wir scheitern in einer Freundschaft, manchmal auch in der Ehe. Dann braucht es wieder den Wagemut, einen neuen Anfang zu wagen. Denn das Scheitern zerbricht mein Lebenskonzept. Nur auf dem Scherbenhaufen meiner gescheiterten Beziehungen sitzen zu bleiben, eröffnet mir keine Aussicht auf ein erfülltes Leben. Ich würde ständig nur jammern und in Traurigkeit und Selbstmitleid versinken, dass mir alles zerbrochen ist, was mir heilig war. Gerade in solchen Situationen des Scheiterns braucht es den neuen Anfang.

Seit einundzwanzig Jahren begleite ich Priester und Ordensleute, Männer und Frauen, die in der Kirche arbeiten. Oft kommen sie in einer Situation in unser Recollectio-Haus, in der sie die alte

Pfarrei verlassen und eine neue Pfarrei oder eine neue Aufgabe übernehmen sollen. Oder eine Ordensschwester kommt, weil sie von ihrer alten Aufgabe entbunden wurde und auf eine neue Stelle versetzt worden ist. Manche freuen sich auf den neuen Anfang. Doch bei anderen spüre ich auch eine Müdigkeit, immer wieder neu anzufangen.

Sie haben den Eindruck, dass sie nicht einfach von einer Pfarrei in die andere, von einer Ordensgemeinschaft in die andere wechseln können. Sie bräuchten eine Zwischenphase, in der sie auf gute Weise Abschied nehmen können vom Alten, um sich mit voller Kraft dem neuen Anfang widmen zu können.

Andere sind der vielen Anfänge müde geworden, die von ihnen erwartet werden. Doch wenn ich müde in einen neuen Anfang hineingehe, wird er nicht gelingen. Ich brauche eine innere Motivation, um neu anzufangen. Diese Motivation entdecke ich erst, wenn ich das Alte angeschaut und mich damit ausgesöhnt habe. Wenn ich den neuen Anfang mit den Altlasten unaufgearbeiteter Konflikte wage, wird er nicht gelingen.

Was für die kirchlichen Angestellten gilt, gilt in ähnlicher Weise auch für die Mitarbeiter und Mitarbeiterinnen in Firmen. Auch sie werden ständig vor Neuanfänge gestellt. Und manchmal hängt ihnen das Alte noch zu sehr nach, sodass sie ohne Kraft das Neue beginnen. Aber das Neue braucht immer den Wagemut. Sonst kann es nicht gelingen.

# Anfangen

Das deutsche Wort »anfangen« kommt von anpacken, anfassen, in die Hand nehmen. Neu anfangen heißt daher, das Leben selbst in die Hand nehmen. Ich übernehme die Verantwortung für mein Leben. Ich gestalte es. Ich höre auf, darüber zu jammern, dass ich durch meine Erziehung oder durch meine Veranlagung festgelegt bin. Ich kann immer neu anfangen. Ich kann das, was mir als Lebensmaterial vorgegeben ist, in die Hand nehmen und gestalten.

Aus jedem Material lässt sich eine schöne Figur formen: Aus Stein kann ich eine schöne Statue hauen, aus Holz eine schöne Figur schnitzen, aus Ton eine anziehende Form gestalten. Aber ich muss materialgerecht arbeiten. Das Material ist meine Lebensgeschichte, es besteht aus meinen Stärken und Schwächen, meinen Erfahrungen von Geborgenheit und Selbstvertrauen und meinen Verletzungen und Kränkungen. Manchmal besteht mein Material auch aus einem

Scherbenhaufen zerbrochener Lebensträume. Aber selbst aus Scherben kann ich eine neue Vase zusammensetzen. Sie ist nicht mehr so perfekt wie die alte. Aber vielleicht sieht sie kreativer aus, bunter und lebendiger.

Der Evangelist Lukas hat das als Grieche mit dem Bild des Turmbaus ausgedrückt: Wenn einer von euch einen Turm bauen will, setzt er sich dann nicht zuerst hin und rechnet, ob seine Mittel für das ganze Vorhaben ausreichen? Sonst könnte es geschehen, dass er das Fundament gelegt hat, dann aber den Bau nicht fertigstellen kann. Und alle, die es sehen, würden ihn verspotten und sagen: Der da hat einen Bau begonnen und konnte ihn nicht zu Ende führen (Lukas 14,28–30). Die Steine, aus denen wir unseren Turm bauen sollen, sind die Erfahrungen unserer Lebensgeschichte. Der Turm steht für die menschliche Selbstwerdung. Er hat tiefe Fundamente in der Erde und ragt in den Himmel. Er verbindet in uns Himmel und Erde. Und er ist rund. Das Runde rundet alles Kantige und

Eckige ab. Es hält das Brüchige und Zerbrochene in uns zusammen.

Wenn wir anfangen, den Turm zu bauen, sollen wir unsere Steine genau anschauen. Welche Steine stehen mir zur Verfügung? Was sind meine Stärken, was sind meine Schwächen? Was sind zerbrochene und verletzte Steine? Auch sie gehören zu dem Material, aus dem ich meinen Turm baue. Die Steine sind auch ein Symbol für das, was mir bei der letzten Arbeitsstelle oder in der zerbrochenen Beziehung in den Weg gelegt worden ist. Dann wäre es meine Aufgabe, die Steine, über die ich gestolpert bin, zu Bausteinen für meinen Turm zu formen.

Bevor ich jedoch darangehe, meinen Turm zu bauen, braucht es erst einmal das Hinsetzen. Man könnte es die Auszeit nennen, die ich mir zwischen der alten und neuen Aufgabe nehme. Ich brauche Zeit, um das Material meines Lebens zu sichten und gerade auch die Stolpersteine oder die zerbrochenen Steine der letzten Zeit zu meditieren und sie in meine eigenen Bausteine zu verwandeln, mit denen ich mein Leben neu aufbauen kann.

Was wir im Sitzen tun sollen, das drückt das Griechische wieder mit einem Stein aus: Wir sollen die Steine auf unserem Rechenschieber hin und her schieben, um den Aufwand zu berechnen, der für den Bau des Turmes notwendig ist. Wie viel Material brauche ich für den Turm, und wie viel Kraft und Energie muss ich einsetzen, um meinen Turm bauen zu können?

Dem Evangelist Lukas kommt es in der zitierten Bibelstelle darauf an, dass das Unternehmen Erfolg hat. Er denkt hier als Kaufmann, der genau berechnet, was er für seine Aufgabe braucht. Erst wenn ich das Vergangene bedacht habe und mich in das zukünftige Tun hineinmeditiert habe, werde ich die Steine meiner Lebensgeschichte in die Hand nehmen und sie so zusammensetzen, dass mein ganz persönlicher Turm herauskommt. Bevor ich beginne, soll ich überlegen, wie diese Steine zusammenpassen.

Vor dem Tun steht also das Denken. Ich denke über die Steine meiner Lebensgeschichte nach, um sie so zusammenzusetzen, dass meine einmalige Person sichtbar wird. Mein Turm muss nicht den anderen gleichen. Ich vergleiche meinen Turm nicht mit den anderen. Es kommt nicht darauf an, dass er möglichst hoch wird. Er soll meinem Wesen entsprechen.

Manch einer bleibt vor dem Haufen seiner Steine sitzen. Er findet nicht den Mut, anzufangen. Der Steinhaufen wirkt für ihn chaotisch.

Wenn meine Beziehung zerbrochen ist, wenn die Aufgabe, die ich bisher innehatte, nicht gut beendet werden konnte, dann sitze ich vor einem unüberschaubaren Steinhaufen. Dann kann ich in diesen Steinen noch keinen Turm entdecken, der entstehen könnte. Ich sehe das Ende nicht. Daher sieht Jesus den Anfang und das Ende zusammen. Er spricht von »ektelesai«. Das meint: aus dem Anfang ein Ende formen, etwas vollenden. Viele Menschen haben Angst, anzufangen. Sie wissen nicht, was aus dem Anfang werden könnte. Sie wollen nicht einfach drauflos agieren. Sie wollen etwas schaffen, was Bestand hat. Daher braucht es für den Anfang das Hinsetzen und Berechnen, das Überlegen, was ich eigentlich will.

Die Lateiner fordern uns auf, bei allem Anfang das Ende zu bedenken. »Respice finem«, sagen sie. Jesus nimmt diesen Gedanken in seinem Gleichnis auf. Wir sollen nicht einfach anfangen, sondern uns vorher in aller Ruhe hinsetzen und zusammenrechnen, was uns für den Neuanfang zur Verfügung steht. Dann werden wir die Mittel entdecken, die wir in uns haben. Es ist die Erfahrung, dass wir schon öfter neu angefangen haben. Oder es ist unsere Disziplin, die uns die Kraft schenkt, etwas durchzuhalten. Oder es ist unsere Kreativität, die uns bei allem Anfang etwas Neues formen lässt. Jesus spricht hier von der Kraft (ischyo), die nötig ist, um einen neuen Anfang zu setzen. Mit dieser Kraft komme ich in Berührung, wenn ich mich zuerst einmal hinsetze und mir Zeit nehme, mein Vorhaben zu bedenken und auf das Ziel zu schauen, das ich mit dem Anfang im Auge habe.

Drei Worte kommen in diesem Gleichnis zweimal vor: anfangen (archeisthai), beenden (ektelesai) und Kraft haben (ischyo). Diese drei Worte zeigen, was beim Anfangen besonders wichtig ist. Ich muss selbst anfangen, sonst fangen die Zuschauer an, über mich zu reden. Wer untätig dasitzt, über den fangen die Menschen zu reden an. Ich muss das Ende bedenken. Sonst arbeite ich blind drauflos, und es kommt nichts dabei heraus.

Dieses Bedenken braucht Zeit. Es braucht das Sitzen, damit das Aufstehen sinnvoll wird. Und es bedarf der nötigen Kraft, um einen Anfang zu setzen, der zum Ziel führt.

# *Anfangen heißt herrschen*

Die griechische Sprache hat mit dem Anfangen eine andere Erfahrung ausgedrückt. Das griechische Wort für Anfang ist »arche«. Es heißt auch Herrschaft. Und »archein« heißt sowohl anfangen, der Erste sein, als auch herrschen, anführen.

Wenn ich etwas anfange, dann bekomme ich Macht. Das gilt nicht nur für das Militär. Da braucht es auch den Anführer, der als erster anfängt mit der Schlacht, der seine Mannschaft in den Kampf führt. Es gilt auch für jeden Anfang, den wir täglich setzen. Der neue Tag, so sagt uns eine russische Weisheit, ist wie ein unberührtes Schneefeld, das noch keiner betreten hat. Manche Menschen stolpern in den neuen Tag einfach so hinein. Sie verpassen die Chance des neuen Anfangs, zu dem uns jeder Morgen einlädt.

Wer den Tag bewusst beginnt, dem wächst jeden Morgen neue Kraft zu. Er gestaltet diesen Tag bewusst. Er gräbt bewusst seine Spur in den Neuschnee des neuen Tages hinein. So spürt er den Zauber, der jedem Anfang innewohnt, wie es der schwäbische Dichter Hermann Hesse einmal formuliert hat.

Dieser Zauber des Anfangs fasziniert uns und motiviert uns, diesen Tag kraftvoll zu beginnen. Wir stolpern nicht in den Tag hinein, wir werden nicht zu Sklaven dessen, was heute an Terminen auf uns zukommt und von uns in der Familie oder in der Arbeit erwartet wird. Wir herrschen vielmehr über den neuen Tag und über die Arbeit, die vor uns liegt. Wir leben selbst, statt gelebt zu werden. Wir werden zum Anführer des Lebens, statt irgendwelchen Erwartungen nachzulaufen.

Dass der neue Anfang uns zu Anführern macht, erfahre ich vor allem im Umgang mit unseren Verletzungen. In der Begleitung von suchenden Menschen erlebe ich oft, dass viele, die von anderen verletzt worden sind, in der Opferrolle hängen bleiben. Sie sind verletzt worden. Aber sie haben in sich keine Kraft, sich gegen die

Verletzungen zu wehren oder auf die Verletzungen aktiv zu reagieren. Sie bleiben lieber in der Opferrolle. Da möchten sie bemitleidet werden.

Als Begleiter nehme ich ihre Erfahrung als Opfer ernst. Sie sind wirklich Opfer von Kränkungen und Beleidigungen, von Entwertungen und manchmal auch von Missbrauch geworden. Doch wenn sie in der Opferrolle stecken bleiben, legt sich auf sie eine große Schwere, die sie niederdrückt. Anfangen heißt: wieder Herr in meinem Leben werden, die Passivität aufgeben und aktiv werden. Und wenn ich aktiv werde, wächst mir auch eine Kraft zu. Dann lasse ich mich nicht mehr von denen beherrschen, die mich verletzt haben. Ich fange selbst an zu leben.

Wir schlüpfen aber nicht nur dann in die Opferrolle, wenn uns jemand verletzt. Oft fühlen wir uns als Opfer der äußeren Umstände. Wir fühlen uns als Opfer der vielen Erwartungen, die auf uns einströmen. Wir sind ihnen nicht gewachsen. Wir können nicht alles erledigen, was von uns erwartet wird. Oder wir fühlen uns als Opfer unserer Lebensmuster, die sich so tief in uns eingegraben haben, Opfer unserer Bedürfnisse, die befriedigt werden wollen.

Doch es ist meine Entscheidung, ob ich mich als Opfer fühle oder ob ich anfange, selbst zu leben. Dann werde ich nicht mehr beherrscht von meinen Bedürfnissen, sondern ich herrsche über sie. Ich werde nicht mehr bestimmt von den Erwartungen der anderen, sondern ich antworte in Freiheit darauf. Ich entscheide mich, welche Erwartungen ich erfülle und welche nicht. Anfangen heißt: die Macht ausüben, die mir Gott zugedacht hat. Wir haben selbst die Macht, die Dinge anzupacken und anzugehen. Wir sind nicht Opfer der Lebensumstände, nicht Opfer der Erwartungen, die von außen auf uns eindringen. Wir haben die Macht, einen neuen Anfang zu setzen. Wer anfängt, der wird zum Anführer ins Leben. Wer anpackt, der hat die Macht. Er übernimmt die Verantwortung. Das erleben wir bei jeder Besprechung. Wer die Besprechung anfängt, wer als Erster das Wort ergreift, der kann der Besprechung eine ganz bestimmte Richtung geben. Er hat die Macht, das Gespräch so zu lenken, wie er es gerne möchte. Oft erlebe ich in Besprechungen, dass keiner anfangen will. Alle verlassen sich auf die anderen. Und manche meinen, sie würden dann am meisten Einfluss haben, wenn die anderen ausgeredet haben und sie als Letzte reden. Doch oft laufen sie dann einer Bewegung nach, die der angestoßen hat, der als Erster gesprochen hat. Wer anfängt, hat die Macht; er prägt die Besprechung. Er prägt den Arbeitstag.

Viele fühlen sich kraftlos, wenn sie gescheitert sind. Ihnen ist ein Lebenstraum zerbrochen, der sie motiviert hat, an sich zu arbeiten und sich für das Leben anzustrengen. Doch jetzt ist der Lebenstraum zerbrochen. Sie fühlen sich wie gelähmt, ohne Macht und ohne Kraft. Sie können nicht einfach anfangen. Sie brauchen sicher Zeit, um einen neuen Anfang zu wagen. Aber trotzdem ist es gut, wenn sie nicht in ihrer Kraftlosigkeit stecken bleiben. Sie sollen in Berührung kommen mit der Kraft, die in ihnen war, solange sie ihren Lebenstraum lebten. Diese Quelle der Kraft ist auch jetzt in ihnen. Indem sie in Berührung kommen mit dieser Quelle der Kraft, bekommen sie langsam Lust, neu anzufangen.

Es besteht eine Wechselwirkung zwischen Kraft und Anfangen. Indem ich es wage, anzufangen, wächst mir auch die alte Kraft wieder zu. Und umgekehrt: Wenn ich die alte Kraft in mir wieder spüre, bekomme ich Mut anzufangen. Ich kann nicht warten, bis die alte Kraft in ihrer Fülle wieder in mir ist. Ich ahne die Kraft, fange an, und im Anfangen wird die Kraft stärker.

Dieses Vertrauen wollen uns die alten Griechen mit ihrer Erfahrung des Anfangs wecken, die sie in ihrem Wort von »archein« und seinen Bedeutungen »anfangen« und »herrschen« auch für uns heute festgehalten haben.

# Die Faszination des Neuen

Das deutsche Wort »neu« kommt vom lateinischen Wort »novus«. Sowohl die Lateiner als auch die Deutschen kennen nur ein einziges Wort für das Neue. Die Griechen dagegen haben zwei Worte: einmal »neos«, dann »kainos«. Neos meint das Neue, das noch jung ist, noch nicht reif ist. Wenn wir sagen, da ist ein Neuling in der Firma, oder der Neue im Verein, dann klingt da meistens mit, dass sie noch unerfahren sind, unreif, dass von ihnen noch nicht viel zu erwarten ist. Der Evangelist Lukas verwendet »neos«, wenn er Jesus sagen lässt: Niemand, der alten Wein getrunken hat, will neuen; denn er sagt: Der alte Wein ist besser **(Lukas 5,39)**.

Neos ist das noch nicht Erprobte. Man ist skeptisch, ob der neue Mitarbeiter wirklich alles besser macht, ob neue Methoden wirklich die Firma verändern. Kainos dagegen ist das, was dem Alten überlegen ist, was uns fasziniert.

Es ist das Ungewohnte, Andersartige, Unerwartete. Neos ist das jugendlich Unreife, ohne Pietät vor dem Alten. Kainos dagegen ist das, was besser ist als das Alte, was eine neue Qualität hat, was uns fasziniert. Wir spüren die Qualität von »kainos«, wenn wir fasziniert sind von einem neuen CD-Spieler, von einem neuen Auto, von einem neuen Kleid. Da staunen wir vor dem Neuen. Es birgt die Verheißung von neuer Lebensqualität, von neuer Schönheit. Und darin liegt zugleich die Verheißung, dass unser Leben neu wird, dass auch wir neu anfangen und Neues sich in uns entfaltet. Das Neue (kainos), das wir im neuen Kleid, im neuen Auto, im neuen Haus, sehen, ist ein Spiegel für das Neue, das in uns ist. Es spricht unsere Sehnsucht an, neu anzufangen, alles in uns zu erneuern.

Das Neue Testament verwendet immer »kainos«, wenn es vom Wirken Jesu spricht, von dem, was er an Neuem gebracht hat. Jesus bringt den neuen Wein, den man auch in neue Schläuche füllen muss. Dabei unterscheidet Lukas ganz genau zwischen dem neuen Wein (neos), der erst neulich gekeltert worden ist, und den neuen Schläuchen (kainos) (Lukas 5,38). Der neue Wein ist nicht automatisch besser als der alte. Nur wenn er in neue Schläuche gegossen wird, kann er den alten an Qualität übertreffen. Jesus stiftet einen Neuen Bund in seinem Blut, einen Bund, den die Menschen nicht mehr brechen können, weil er in Gottes Liebe selbst gründet und nicht mehr auf dem wankelmütigen Willen des Menschen. Und er gibt uns ein neues Gebot: »Liebt einander! Wie ich euch geliebt habe, so sollt auch ihr einander lieben« (Johannes 13,34).

Auch Paulus kann unsere Existenz als Christen immer wieder mit dem Begriff des »Neuen« beschreiben: Wenn also jemand in Christus ist, dann ist er eine neue Schöpfung: »Das Alte ist vergangen, Neues ist geworden« (2 Korinther 5,17). Durch die Taufe sind wir neu geworden. Und so sollen wir in der Neuheit (kainoteti) des Lebens wandeln (Römerbrief 6,4). Das Alte, die Vergangenheit, hat keine Macht mehr über uns. Das sind nicht nur fromme Worte. Wenn wir nach einer verfahrenen Situation neu anfangen können, wenn nach einem Streit, nach einem Versagen, einem Scheitern ein neuer Anfang möglich wird, dann erfahren wir, was Paulus hier beschreibt. Das Alte hängt uns nicht mehr an. Wir müssen nicht für immer mit einem Büßergewand herumlaufen. Wir dürfen das Alte abschütteln.

Einen neuen Anfang wagen, das hat vor dem Hintergrund der biblischen Aussagen zwei Bedeutungen. Einmal heißt es für mich, dass das Neue schon in mir ist. In mir ist der Geist Gottes, der mich in jedem Augenblick erneuert und Neues in mir bewirkt. Wenn ich in der Stille in mich hineinhorche, dann ahne ich, was da an Möglichkeiten in mir aufbricht. Da tauchen neue Ideen auf, die Ahnung, Neues zu wagen, neue Verhaltensweisen einzuüben. Ich muss nicht alles neu machen, ich soll vielmehr dem Neuen trauen, das schon in mir ist.

Es braucht Achtsamkeit, damit das Neue, das Gott in jedem Augenblick in mir wirkt, auch wachsen und Gestalt annehmen kann. Einen neuen Anfang setzen heißt: Ich versuche, mir neue Gedanken über mein Leben zu machen, auf neue Weise über mich und über das Leben zu sprechen und auch auf neue Weise mit den Menschen umzugehen.

Gott ist der ewig Neue. Er schenkt uns durch Jesus Christus seinen Heiligen Geist, der uns ständig erneuert. In uns ist die Quelle des Heiligen Geistes als ein Brunnen ewiger Neuheit. Das mag für uns ein Gegensatz sein: Was ewig ist, ist alt und bewährt. Doch Gott schafft in uns alles neu. Diese Gewissheit hat den Jüngern Jesu den Mut geschenkt, Neues zu wagen, aus ihrem engen Umfeld in Galiläa auszubrechen und der Welt die neue Botschaft vom Reich Gottes zu verkünden, das in Jesus Christus unter uns gegenwärtig ist. Für mich liegt darin eine starke Ermutigung. Ich soll aufhören, darüber zu jammern, dass mein Leben brüchig ist, dass ich in der Vergangenheit zu kurz gekommen bin. Das mag alles gewesen sein. Aber es gibt in mir den Heiligen Geist, der alles neu macht. Das heißt nicht, dass ich meine Vergangenheit verdränge. Aber in das Material, das die Vergangenheit in mir geprägt hat, vermag der Heilige Geist das Neue hineinzufügen.

Der Prophet Jesaja hat diese Erfahrung wunderbar ausgedrückt. Da wird von jungen Männern gesprochen, die müde und matt werden, die stolpern und stürzen: »Die aber, die dem Herrn vertrauen, schöpfen neue Kraft, sie bekommen Flügel wie Adler. Sie laufen und werden nicht müde, sie gehen und werden nicht matt« (Jesaja 40,31).

Gott verleiht uns immer neue Kraft. Sie zeigt sich in der Jugendlichkeit des alten Menschen. Das Neue in uns ist wie ein Adlerflügel, der uns emporhebt und mit Leichtigkeit neue Wege erproben lässt. Indem wir diese Worte in unser Herz fallen lassen, bringen sie uns in Berührung mit dem Neuen und Jugendlichen, mit den Adlerflügeln, die wir alle in uns tragen.

# Scheitern und neu anfangen

Immer wieder erleben wir ein Scheitern in unserem Leben. Wir scheitern in der Beziehung zu unserem Ehepartner. Wir scheitern in unserem Beruf. Jedes Scheitern zwingt uns, neu anzufangen, denn sonst würden wir sitzen bleiben auf dem Scherbenhaufen der zerbrochenen Lebensträume und der zertrümmerten Lebenskonzepte. Und jedes Scheitern tut weh. Viele Menschen reden sich Schuldgefühle ein, wenn sie scheitern. Sie haben das Gefühl, Scheitern dürfe nicht sein. Und wenn es geschieht, dann sind sie selbst schuld. Doch es gibt auch ein schuldloses Scheitern: Wir haben uns um eine gute Ehe bemüht und sind trotzdem gescheitert. Wir haben im Beruf alles gegeben, was wir geben konnten, und hatten dennoch keinen Erfolg.

Das Wort »scheitern« kommt vom »Scheit«, vom gespaltenen Holzstück. Es kommt von »scheiden«, was so viel heißt wie schneiden, trennen. Scheitern meint also, dass etwas, das zusammengehört, zerschnitten, gespalten, getrennt wird. Etwas Ganzes fällt in Stücke, zerspringt in viele Einzelteile. Das, was ursprünglich als Lebenskonzept gemeint war, misslingt und zerfällt. Das Wort »scheiden«, das dem Scheitern zugrunde liegt, wird für das Scheitern einer Ehe benutzt. Die Ehe wird geschieden. Das Wort »scheiden« steckt auch in unserem Wort »Abschied«. In jedem Scheitern nehmen wir Abschied von einem Idealbild des eigenen Lebens und von unserem Selbstbild. »Verscheiden« bedeutet sterben. Scheitern hat auch mit Sterben zu tun. Es stirbt etwas, auf das wir alle Hoffnung gesetzt haben. Wenn wir gescheitert sind, müssen wir uns neu »ent-scheiden«, wohin unser Weg gehen soll. Und wir brauchen die Gabe der »Unterscheidung«, um zu entdecken, warum wir gescheitert sind und wie die Scherben unseres Lebensgebäudes neu zusammengesetzt werden können, wie aus dem »Abscheiden« neues Leben geboren werden kann.

Es fällt uns schwer, uns einzugestehen, wenn wir gescheitert sind. Es ist einfacher, die Schuld beim anderen zu suchen. Die anderen sind schuld an unserem Scheitern. Aber solange wir den anderen die Schuld zuschieben, werden wir das Scheitern nicht zu einem neuen Anfang nutzen. Oder aber wir beschuldigen uns selbst. Wir sind schuld, dass wir gescheitert sind, sagen wir. Wir haben zu wenig gebetet, zu wenig vertraut, zu wenig getan für unsere Beziehung, für unseren beruflichen Erfolg.

Doch alles Beschuldigen ist nur ein Ausweichen vor dem Scheitern. Wir wollen uns nicht eingestehen, dass wir gescheitert sind. Nur das Eingeständnis des Scheiterns befähigt uns, einen neuen Anfang zu wagen. Wir schauen nicht rückwärts und verzichten darauf, nach den Ursachen des Scheiterns zu suchen. Wir lassen uns vom Scheitern aufbrechen, um etwas Neues zu beginnen, um einen neuen Aufbruch in die Zukunft zu wagen. Gerade dann, wenn wir gescheitert sind, brauchen wir den Mut, neu anzufangen. Nach einem Scheitern sind wir oft in Gefahr, uns zu verstecken. Wir schämen uns und verbergen uns vor den anderen. Doch dann bleiben wir im Scheitern stecken, anstatt neu aufzubrechen.

Nur wenn ich mir mein Scheitern eingestehe, ohne in den anderen oder in meinem eigenen Verhalten nach der Schuld zu fragen, bekomme ich den Mut, neu anzufangen. Das Bewerten hält mich fest in der Vergangenheit. Das Annehmen des Scheiterns befreit mich für die Zukunft. Ich gestehe ein, dass ich gescheitert bin. Aber ich nehme auch die Chance wahr, neu anzufangen und meinem Leben eine neue Richtung zu geben.

Ein junger Mann hat sich in eine Frau verliebt. Sie beginnen eine Beziehung; es scheint alles ganz harmonisch zu sein. Doch eines Tages sagt die Frau, sie könne nicht mehr mit ihm leben, und trennt sich von ihm. Der junge Mann hat keine Chance. Er fragt, was der Grund sei, ob er etwas falsch gemacht habe, was er in der

Beziehung verbessern könne. Doch sie gibt keinen Grund an. Der einzige Grund, den sie angibt: Sie will diese Beziehung nicht mehr.

Der junge Mann hat alles für die Beziehung gegeben. Jetzt ist sie zerbrochen. Er fühlt sein Scheitern. Das Scheitern macht ihn hart. Er möchte sich nicht mehr auf eine Beziehung zu einer Frau einlassen. Er möchte nicht noch einmal so verletzt werden. Seine Reaktion ist verständlich, doch damit schneidet er sich von seiner Sehnsucht nach einer gelingenden Partnerschaft ab. Es braucht das Eingestehen des Scheiterns. Dabei geht es nicht darum, die Schuld bei sich oder beim anderen zu suchen.

Diese Beziehung ist gescheitert. Ich kann versuchen, das Scheitern zu verstehen, aber ganz verstehen werde ich es nie. Meine Aufgabe ist es, mir das Scheitern einzugestehen und mich damit auszusöhnen. Dann kann ich mich wieder für eine neue Beziehung öffnen. Das Scheitern bewirkt noch keinen neuen Anfang. Oft macht es uns unsicher. Es raubt uns das Vertrauen, dass eine neue Beziehung gelingen wird. Das Scheitern zeigt mir, dass ich nie eine absolute Garantie habe, dass eine Freundschaft oder Ehe halten wird. Das Scheitern lädt mich ein, mit aller Unsicherheit und allen Zweifeln zu vertrauen, dass Gott die neue Beziehung segnet. Und das Scheitern lädt mich ein, mir genau zu überlegen, was für das Gelingen der Freundschaft wichtig ist. Ich suche nicht die Schuld in der Vergangenheit.

Ich setze mich hin und überlege – wie der Turmbauer im Gleichnis aus dem Lukasevangelium (Lukas 14,28–30) –, welcher Aufwand nötig ist, um das Vorhaben einer neuen Partnerschaft gelingen zu lassen.

## *Jetzt gilt es anzufangen*

**Liebe Leserin, lieber Leser, Sie haben diese Gedanken über das Wagnis des neuen Anfangs gelesen. Vielleicht haben Sie sich in manchen Überlegungen und Beispielen selbst wiedererkannt. Jetzt gilt es also, selbst anzufangen.**

Bedenken Sie Ihr Leben und fragen Sie sich: Wo habe ich Lust, neu anzufangen? Der Anfang soll nicht eine Last werden, die Sie täglich auf sich nehmen. Er soll in Ihnen vielmehr neue Lebendigkeit hervorrufen. Es braucht die Lust des Anfangs. Sie können vielleicht damit beginnen, jeden neuen Morgen bewusst als neuen Anfang zu verstehen.

Schauen Sie auf das unberührte Schneefeld des neuen Tages, der vor Ihnen liegt. Und dann spüren Sie in sich hinein, welche Spur Sie heute in diesen Neuschnee eingraben möchten. Wenn Sie jeden

Morgen als Neuanfang verstehen, dann wird sich Ihr Leben verwandeln. Sie brauchen dann gar nicht mehr so viele gute Vorsätze.

Setzen Sie sich nicht unter Leistungsdruck, jetzt alles neu machen zu müssen. Aber schauen Sie in aller Ruhe einmal Ihre Beziehungen an, Ihre Arbeit, Ihren Alltag, Ihre Lebensgewohnheiten. Sind Sie damit zufrieden und dankbar? Oder treibt Sie eine innere Unruhe? Manche meinen, sie müssten die Unruhe überwinden. Aber manchmal ist es eine heilsame Unruhe, die uns einlädt zu überlegen, wo wir einen neuen Anfang setzen wollen.

Es muss nicht immer ein äußerer Neuanfang sein. Manchmal genügt es auch, damit anzufangen, mein Leben mit neuen Augen anzuschauen und ganz neu Ja zu sagen zu dem Leben, das ich führe.

# Liebe Leserin, lieber Leser,

*ich wünsche Ihnen, dass Sie in sich den inneren Impuls wahrnehmen, wo und wie Sie neu anfangen könnten.*

*Und ich wünsche Ihnen, dass Sie durch das bewusste Anfangen lebendig bleiben, dass Ihnen – wie die alten Griechen es verstehen – neue Kraft zuwächst und dass die Anfänge zu guten Grundlagen für Ihr Leben werden, Ihrem Leben die richtige Richtung weisen: hin zu Lebendigkeit und Freiheit, zu Frieden und Weite, zu Hoffnung und Zuversicht und auf eine immer größere Liebe hin.*